諷 詩 調 · 20

동굴일지 · Ⅳ

박진환 제38시집

지성 · 감성의 메타언어
조선문학시인선 · 320

諷 詩 調 · 20

동굴일지 · Ⅳ

조선문학사

痛懲의 시학

끝으로 풍시조의 생명이자 존재 이유를 성립시켜주는 시법이 순수한 통징이다. 통징은 일종의 문화적 징벌로서 시의 복수라고도 할 수 있다. 비리 · 부조리 · 부정 · 부패를 비롯한 모든 악을 향해 감행한 복수의 시학이 순수한 통징이다. 그 때문에 복수의 감행없이는 풍시조가 존재할 수 없고 존재 이유 또한 성립시키지 못한다는 점에서 풍시조의 생명은 순수한 통징에 있다고 할 수 있다.

어느 시편이고 풍시조에는 시의 복수로서의 통징을 감행하고 있는데 이는 사회적으로 유용한 복수라는데서 감행할수록 풍시조의 역할은 확대되게 된다. 비리 · 부조리 · 악행 등은 인류의 공적이고 시대나 현실은 물론 사회를 병들게 하는 인류의 공동의 적이기 때문이다.

이러한 적으로서의 악을 앞에 하고도 이를 외면하거나 기피한다면 이는 비겁한 현실도피이자 양심의 육성을 제거한 것이 된다. 시인의 경우 시의 포기이자 시의 포기와 함께 시인의 역할 포기요 시에 대한 기만과 함께 시에 대한 모독을 감행한 것이 된다.

경건 · 관조 · 초월과 같은 정신적 유희는 일종의 사치다.

세상이, 시대가, 현실이, 사회가, 인간의 정신과 혼이 병들어 가는 시대에 살면서 이를 직시하지 못하고 바로 보지 않으며 정신유희를 즐기는 시는 메아리 없는 虛辭에 불과하게 된다.

풍시조는 살아 있는 양심의 육성으로서의 모든 악에 감행하는 복수이기를 자처하는데서 출발시킨 시다, 그 때문에 비수와 같은 섬찍함이 있고 투창과 같은 예리함이 있고 방아쇠와 같은 촌철살인의 살의가 있다. 그러나 이러한 복수의 무기들에 의해 죽어나자빠지는 것은 악이요, 흘린 피로써 부활하는 것은 인간의 양심이자 삶 자체다.

풍시조는 악을 넘어뜨리고 삶을 일으켜 세우고자 문화적 복수를 자청한 곳에서 출발시킨 시다. 풍시조가 시법으로 하고 있는 통징의 역할은 이를 담당하고 있다고 보고 시를 제시해 본다.

동굴일지 · 498

만인이 선망의 눈으로 올려다보던 마천루 주상복합 아파트
이제 한물 갔데, 인기도 값도 뚝뚝 떨어지거든
오르면 내리기도 하는 법, 이제사 낙법을 깨닫다니 쯧쯧쯧

동굴일지 · 286

OECD 국가 중 통신비 지출 코리아가 2위
제마다 핸드폰 귀에다 뿔로 세우고 다니니 그럴밖에
문제는 뿔 달린 대화가 짐승스럽지나 않을지

동굴일지 · 306

한국 경제 전망, 해외 의존도가 100% 넘는다던데
미 · 일에 비하면 3배, 이웃 중국에 비하면 2배
이러다 경제 대국의 장밋빛 꿈 출혈로 물들지나 않는지

동굴일지 · 141

한나라당 당명 바꾼다던데 이름 바꾸면 개명 아니던가
글쎄 鷄鳴이면 장닭울어 새벽 열리고 開明되면
문명개화 르네상스인데, 그게 鷄鳴도 開明도 아닌 改名이어서

동굴일지 · 499

MB, 불법 사찰 침묵 지켜보며 언론들 開口촉구하던데
할말이 없어선가, 있어도 할 수 없어선가
4대강 改構엔 앞장서더니 불법 사찰 開口엔 뒷전이라고들 하데

5편의 예시를 제시했다. 세태 · 국제 · 경재 · 정치 전반에 걸쳐 감행한 시의 복수로서의 풍시조 시학이자 시법인 순수한 통징이라 할 수 있을 것으로 본다.

해석이나 해설을 곁들일 것도 없이 깎아내리고 · 비웃고 · 헐뜯고 · 조롱하고 · 비판 · 고발하는 비리나 부조리 · 악에 감행하는 복수의 칼끝이나 창끝이 번뜩이고 촌철살인 같은 방아쇠가 당겨지는 문화적 징벌로 일관하고 있다.

이는 풍시조의 성격은 물론 시학 · 시법을 잘 보여준 것으로서 풍시조의 시적 역할이 무엇인가를 가늠하게 해준다고 할 수 있다. 여기에서 간과해서는 안될 것이 하나 있다. 복수의 감행 뒤에 감추고 있는 것이 악에 대한 증오나 분노, 살의와 같은 그런 복수가 아니라 악을 개선하고 교정하여 악으로부터 해방되고자 하는 改善의 의도가 작용하고 있다는 점이다. 이 점에서 풍시조의 복수는 眞如, 善如, 美如와 같은 미학이기를 희망하고 또 이를 실천하고자 한다는 것을 알 수 있다.

2012년 初夏

박 진 환

박진환 제38시집 / 諷詩調 · 20

동굴일지 · IV

차례

동굴일지 · 301

산사태 놓고 인재 · 천재 의견 분분
따져 뭘 하나, 인재 · 천재 겹 재앙인 것을
오직 탈 없는 것은 강 뿐, 다음 주자들 治山 구호 내 걸면 딱이겠네

동굴일지 · 302

4대강, 이 물난리에도 보 막아 끄떡없으니 治水는 된 셈이고
다음은 治山인데 마음에 큰 산 지닌 분들 觀山만 즐기시니
구절양장이란 말 산길만이 아니란 걸 아시는지 모르시는지

* 구절양장(九折羊腸) : 양의 밸처럼 구불구불 굽도는 얄궂은 길을 일컫는 말.
세상이 복잡하여 살아가기가 어려움에 비유하는 말.

동굴일지 · 303

강줄기 보로 막은 치수사업 자랑으로 여겼더니
무너진 산더미가 자랑 삼켜 뭉개 버려
아하, 天爲 樂山樂水 앞세우면 治山治水 뒤 따라 오는 것을

동굴일지 · 304

할 일 없으면 빈둥대지말고 낮잠이나 쳐 자는 것이 백수들
낮잠 실컷 즐겼으니 어찌 밤에 잠이 오겠는가
OECD국 중 불면율 최고인 것은 그 때문인 게야; 아는 체 하고 있어

동굴일지 · 305

맑은이에게선 향이, 구린이에게선 동취가 나는 법
법도 법 나름, 이를 맡을 수 있는 것은 법 넘어선 覺이거든
覺도 각 나름 角으로 뿔 세운 자들 코론 맡을 수 없는 냄새거든

동굴일지 · 306

한국 경제 전망, 해외 의존도가 100% 넘는다데
미 · 일에 비하면 3배, 이웃 중국에 비하면 2배
이러다 경제 대국의 장밋빛 꿈, 출혈로 물들지나 않을지

동굴일지 · 307

이 불확실성 시대에 확실한 것 하나 있지

뭐냐고?

물신의 교주 황금, 금값 올라가는 걸 봐, 안 믿고 배겨

동굴일지 · 308

7, 8월 긴 장마에 코리아의 화두는 햇볕이 어떻게 생겼더라?
그 바람에 도진 우울증으로 병원 신세 잦다는데
평생 햇볕 못 보고 그늘에 살아온 북녘 동포의 화두는 뭘까?

동굴일지 · 309

북녘 화두 '날라리' 흉보지 말 것이
남녘엔 날라리 없는지, 스스로 날라리는 아닌지?
세상이 온통 날라리, 날라리 입나발로 시끄럽거든

동굴일지 · 310

한류 · K-POP은 세계를 주름잡는데
정치 · 경제 · 사회 · 도덕은 거꾸로 주름잡히니
주름 못편 우거지상, 어느 나라 상판대기가 그러하더라?

동굴일지 · 311

개눈엔 똥만, 돈에 환장한놈 눈엔 황금만, 감투에 환장한 놈눈엔 의자만
그래 보거라 봐, 눈알 튕겨나가도록 실컷 보거라 봐
제자신도 볼 줄 모르면서 계학지욕에만 눈에피가 나다니

* 계학지욕(鷄鶴之慾) : 물릴 줄 모르는 한없는 욕심.

동굴일지 · 312

새해가 임진년이어설까, '임진년 원수'가 떠올라설까
영원히 상종거부란 원수지간 아니고선 그럴 순 없는 일
원수를 사랑하라는 말씀, 허긴 그쪽엔 어버이 수령 밖엔 없어서

동굴일지 · 313

이루고 싶은 것이 얼마나들 많았으면 새해 해돋이 찾을까
솟는 해 보고 빌면 소원이 이루어지기는 지는 것일까
부질없는 일, 소원이란 사원무위인 것을

* 사원무위(使願無違) : 바라던 바가 틀림없이 그대로 되기를 바랄 뿐이라는 도연명의 「歸田園居」에 나오는 말.

동굴일지 · 314

시작없이 끝이 있을까, 첫발 떼지 않고 다다를 곳에 가닿을까
시작도 첫발도 멈춤이 없다면 끝에 가 닿을 수 있을 터
다만 시작도 첫발도 욕속부달은 금물임을 알아야

* 욕속부달(欲速不達) : 일을 빨리 하려고 서둘다가는 도리어 이루지 못한다는 뜻.

동굴일지 · 315

금생여수, 금은 아름다운 물에서 난다 했거늘
맑은 물관 달리 어찌하여 마음을 검게 물들이는 것일까
아마도 맑지 못한 웃물에 세탁됐기 때문이나 아닐지

동굴일지 · 316

쇄신이다, 통합이다, 칼을 뽑아들어야 할 모양들이던데
칼자루 쥐었다고 마구 휘두르다 되레 상하지나 않을지
그보다는 금으로 된 칼집에 꽂힌 녹슨 칼 꼴이나 안될지

동굴일지 · 317

수술하기 위해선 刀圭가 필요하듯
썩은 부분 도려내 쇄신 · 통합 위해서는 칼이 필요
다만 牛刀割鷄 꼴은 되지 말아야

* 우도할계(牛刀割鷄) : 소 잡는 칼로 닭을 잡는다는 뜻

동굴일지 · 318

4대강 보 쌓아 물길 가두는 건 좋네마는
행여 방민지구 했다 막힌 여론 터지면
4대강과는 달라, 범람하는 여론물길 보로는 못막거든

* 방민지구(防民之口): 백성의 입을 막아 여론을 차단한다는 史記에 나오는 말.

동굴일지 · 319

대도도 聖 · 勇 · 義 · 知 · 仁 5덕을 도로 삼는다는데
이 땅의 도적들은 그중 하나도 지니지 않았으니
서절구투라고나 할까, 쥐새끼 개새끼 못 면한 좀도둑들이어서

* 서절구투(鼠竊狗偸) : 쥐나 개처럼 남몰래 숨어서 부당한 물건을 취하는 좀 도둑이란 뜻.

동굴일지 · 320

홍제천 끼고 걷는 산책로엔 부지런한 노인들뿐이다
살기에 바쁜 젊은이들이야 대낮에 산책할 일도 여유도 없음이다
호추불두라 했거니, 게을러빠지면 병밖엔 차지할 게 없어

* 호추불두(戶樞不蠹) : 여닫는 문지방엔 좀이 슬지 않는다는 말이니
부지런히 운동하면 건강하다는 뜻.

동굴일지 · 321

미 6, 7대 대통령이었던 애덤즈, 잭슨 왈 대통령 재임 4년을
내생애중 가장 비참한 시절, 고급 노예와 같은 생애라 했던데
이 땅의 나랏님 코멘트 청하면 "미국 대통령들 엄살이 심하셨네"

동굴일지 · 322

레임덕 본 이들은 이름값에 인물값까지 하던데
레임덕은 덕은 덕인데 그게 아닌가 봐
이름값 인물값은커녕 甲家에서 良家로 내몰리는 신세 못 면하니

동굴일지 · 323

코리아의 넘버투맨이자 달변의 입법부 수장의 오랜 침묵
말할 때를 아는 이는 침묵할 때도 안다던데 금설폐구 때문일까?
꿀을 먹어서일까? 허긴 금과 꿀이 둘 다 蔽口아닌 閉口용이어서

* 금설폐구(金舌蔽口) : 금으로 혀를 만들어 입을 가린다 함이니 입을 봉하고 있음을 이르는 荀子의 말.

동굴일지 · 324

50년만의 한파에 묶인 발목 답답해 파한삼아 TV켰더니
웬걸, 여당은 뜨건뜨건, 야당은 후끈후끈, 난방이 필요없던데
어쩐다, 죄진자, 낙미할자 한속기 못 면할걸 생각하니 파한도 상팔자데

동굴일지 · 325

50년만의 강추위에 문 안 닫고 난로 안 피우니 내방객 혀를 끌끌

무슨 청승이냐, 미련한 바보짓이냐란 뜻일텐데

아니거든, 문명공간에서야 그렇겠지만, 여긴 동굴이거든

동굴일지 · 326

영하 17도를 오르내린 강추위에 털구멍도 얼어붙었는지
하루걸러 웃자라던 턱수염이 3일째도 자란 기미가 없다
털이라도 푸짐해야 동굴살인데 상판대기가 민 얼굴이어서야

동굴일지 · 327

새새새 물소리 정권 누스 재촉하고
새새새 만세 새누리 만만세는 좋네마는, 어쩌나
새새새, 지가 무슨 새라고 제 이름 찾아 비황이라도 날아들면

* 비황(飛蝗) : 누리의 이칭으로 농작물을 갉아먹어 큰 피해를 주는 해충.

동굴일지 · 328

왕도 법어긴 사사로운 정사 불가란 옛분들 말씀 王者無親
무친 거꾸로 돌려 유친이면 사됨이 있음이란 뜻이거니
그래선가, 친가 · 처가 · 가신까지 줄줄이 비리 유친사연 못끊으니

동굴일지 · 329

줬다, 안 받았다, 안 받았다, 줬다 검은 손의 돈거래가 그래
흰손의 돈 거래는 주고 싶어도 돈이 없고 받고 싶어도 주는 놈이 없어
서로 다르구나, 검은 손은 百獸의 손, 흰손은 白手의 손

동굴일지 · 330

부정이 번식하면 사회는 붕괴되고
절대 권력은 절대적으로 부패한다던데
도처에 만연한 부정부패, 이러다 사회 붕괴받아논 밥상이나 안 될지

동굴일지 · 331

이 봐, 글쟁이, 이 세상에서 뭐가 제일 무서울줄 아나?

글쎄, 권력? 핵? 돈? 뭐 그런거

틀렸어, 그러니 글쟁이 말 듣지, 잉크에 타쓰는 물인게야

동굴일지 · 332

시리아 제재놓고 중 · 소 거부권 행사했다고 비난 비등이던데
미 · 영 · 불은 안 그랬나, 속셈에 따라 각기 달리 행사하는 걸
속셈이란 게 단답형 UN 계산법과 다른 다답형이거든

동굴일지 · 333

50년만이라던가, 70년만이라던가 수은주 곤두박질 친 게
가난 못 면한 민초들은 추워 죽겠다던데
정치권 봐봐, 여 · 야 모두 펄펄 끓어 더워 죽겠다대

동굴일지 · 334

공생 · 공영 · 공익 · 공유 · 공산, 다 듣기 좋은 말이네만
이기 넘어섰을 때나 가능한, 사리 지닌 한 실현 불가
거기다 이타란 말 효력 정지된 지 이미 오래거든

동굴일지 · 335

왜 날마다 비냐구요? 것도 모르셔

세상이 온통 非자 돌림 비난 · 비도 · 비리 · 비명 · 비범 · 비정 · 비핵까지

비자 들어갔다 하면 눈물나는 일 뿐, 그래서 悲悲悲 우는거여

동굴일지 · 336

동굴에 들어오는 손마다 건강걱정을 해 주신다
몰라서 그러지 짐승처럼 털나고 발톱 세우면 면역이 된다
所患인 알레르기에도 까딱없는 걸 보면 틀린 진단이 아니다

동굴일지 · 337

지하 동굴에 산다고 높은 빌딩 탐하거나 부러워한 적 없다
눈높이면 됐지, 분수 밖의 것 올려다보다 사시되면 억울하지
깊이 외면하다 OECD국 중 자살율 1위된 것도 높이 때문이거든

동굴일지 · 338

최하였으면 싶은건 최상위, 최상위고 싶은건 최하위
코리아가 무슨 장난감인감, 맨앞에 세웠다 맨꼴찌에 세웠다가
삶의질 또 꼴찌래, 차라리 OECD 탈퇴해버렸으면

동굴일지 · 339

입추 지나자 귀또리란 놈들이 모여들기 시작한다
내 동굴이 무슨 지하 아지트라도 되는 줄 아는 모양인가
밤새 삐라라도 찍는지 실솔실솔 활판인쇄기를 돌려대고 있다

동굴일지 · 340

내 동굴이 무슨 서라벌이라도 되는줄 아는걸까
달빛 호롱이 삼아 찰각찰각 북소리 들락이며 명주배를 짜더니
아마도 패했나봐, 회소회소 처량하게 울어대는 귀또리 울음소리

동굴일지 · 341

찌르찌르륵, 저놈이 무슨 암호문을 전송하는지 귀기울여 보다

"뭐라고? 이곳 동굴지기 놈이 헛소리를 한다고, 뭐랬길래?"

"지가 불끈이래." "무슨불을 껐게?" "불은 무슨, 불끈불끈 일어선데."

동굴일지 · 342

전쟁은 무기로 하고, 정치는 속임수로 하고, 재판은 돈으로 하고
홍정은 말로하고, 사랑은 몸으로 하고, 하고 하고 하는 것 중
남북통일은 뭘로 하지? 쌀? 핵? 히히, 정답 있으면 통일 됐게

동굴일지 · 343

동굴에 살다보면 배운다, 낙법연습이 필요없다는 걸
더 떨어질 곳이 없으니 낙법도 절망연습도 필요없음이다
절망할수록 높은 층계를 밟는 보법의 逆理를 동굴에서 배운다

동굴일지 · 344

심심한 날엔 동굴에서 나와 파한삼아 앞 인왕산을 바라다 본다
눈과 함께 마음이 맑아지고 밴 짐승스런 몸내도 가신다
문명의 때나 비늘이 벗겨져 자연의 순도를 맛봄이리라

동굴일지 · 345

막걸리 한 병을 앞에 하고 아내는 반병만 마시라 하고
나는 병반만 먹겠다고 동의하듯 하는데 히히 병반이란 게
한 병 하고 또 반병이니 반병의 3배가 아니던가, 히히히

동굴일지 · 346

들어서는 손마다 퀴퀴한 곰팡이내에 코를 내두른다
본디 지하란 게 젖은 동굴아니던가, 코만 성해가지고선
허나, 마른 세상 동취내 못 맡으면 성한 코 아닌 썩은 코인게야

동굴일지 · 347

비웃지도, 염려하지도, 코 내두르지도 마시게나
동굴살이 20여년 짐승살이 면하려고 노력했거니
고대광실에 살면서 짐승 못 면한 것보다야 낫지 않는가

동굴일지 · 348

감사할 줄 알며 사는 지하 동굴살이
간혀 산다고 하지 마시게나, 바깥세상 넘보지 않은 것뿐인 걸
분수껏 사는 지하살이의 안분지족을 나는 사랑하거니

동굴일지 · 349

너와 내가 같은 감정일 때 감동인데, 감동에도 동감은 없고
나와 네가 같은 생각일 때 동감인데 동감에도 감동은 없으니
너와 내가없는 시대, 나만 있으니 어찌 감동 ? 동감이 있겠는가

동굴일지 · 350

달러와 무기의 힘은 세계를 지배하는 패권의 두 힘
그중 달러 패권 잃었으니 미, 남은 건 무기 패권뿐
이석격석의 힘 균형 깨지고도 무기 끝발 제대로나 먹힐지

* 이석격석(以石擊石) : 돌로 돌을 때린다는 뜻으로 힘이 거의 같음을 말함.

동굴일지 · 351

하느님 4대강 보막았단 소식 어찌 들으시고 연일 비뿌리신가요
보에 물채우려다 산과 들 물바다 되어 죄다 빠져죽겠소
죽은 후에 유람선 뜨면 뭣하겠소, 살아남아야 강이지, 왕 뭘 모르셔

동굴일지 · 352

비염앓이 심한 내 코를 두고 곰팡이 때문이란 진단들이던데
내 내자에게 물어봐, 냄새란 냄새 귀신같이 맡는다고 명코래
그 뿐만이 아니여, 성한 코로도 못 맡는 동취도 맡는다고

동굴일지 · 353

악을 쓰듯 외쳐대는 동굴밖 매미소리
文·淸·廉·儉·信·樂의 6덕을 지닌 齊女들의 외침
浩歌로 덕을 쫓는, 덕을 좇을 줄 모르는 것들 비웃는 외침같아서

* 제녀(齊女) : 매미의 이칭.

* 호가(浩歌) : 큰소리로 노래함.

동굴일지 · 354

G20 정상회의에 G20 국회의장 회의까지, 회의론 1등감이다만
어쩌지, 1등 아닌 꼴찌가 하도 많아서
자랑도 좋다만 편 싸움 몸싸움 삿바싸움 안 배워갔을지

동굴일지 · 355

빈라덴 사살로 오바마 인기 47%에서 57%로 10% 상승
더 높은 인기 누리기 위해 KK 투 K작전은 어떨지?
이러다 차기 대권 미리 샴페인 터뜨리는 건 아닌지

동굴일지 · 356

잦은 KTX 사고 너무 탓하지 마시게나
주어진 레일 바퀴로 달리는 철마가 그렇다면 몰라서 그렇지
궤적도 바퀴도 없이 질주하다 나자빠진 게 어디 한 둘뿐이겠나

동굴일지 · 357

광복직후 구린내 천지라고 버리려던 한반도
한반도 버렸으면 구린대로 끝났을 걸, 지금은 죽음의 냄새 천지
독극물 고엽제 송장 신세 못 면한 코리아 육신이 반도가 그래

동굴일지 · 358

아름다운 이는 머문 자리도 아름답다는 화장실 벽문
추한 자는 머문 자리도 추하다는 이치니 똥보다 더럽다는 뜻
똥은 양반, 독극물 매장으로 추악의 극치 못면한 미군 머문 자리가 그래

동굴일지 · 359

짜가에 짝퉁에 줏가 승부 대출 조작에 사기까지
세상이 온통 부정부패에 때 안 묻은 놈 없는 판국인데
손 못쓰고 있는 걸보면 염라대왕도 뇌물을 잡수신 모양

동굴일지 · 360

고 스톱 3색 신호등 빛깔 휘황 찬란 고왔지만
웬 걸 청 아니면 적 좋아하는 청적 여론에 밀려
삼색 신호등 구실 제대로 못해보고 스톱으로 끝났으니

동굴일지 · 361

사르코지가 살꽂이 좋아했다면 이름 값 한 건데
칸은 영 아니거든, 허나 뭔가 이유가 있을법한데
하, 그렇구나, 보양도시 칸에서 살찐, 그것 주체 못해서 그랬구나

동굴일지 · 362

노린내나는 미 쇠고기 코리아가 최고 수입국
그러다 얼굴에도 생각에도 노랗게 황달기 번지면
얼굴은 그렇다 치고 생각에 황달기 들면 백약이 무효여서

동굴일지 · 363

과학 벨트 선정 두고 국토 분열벨트라 하던데
그걸 이제들 알았나, 남북에, 동서에, 영 호남에
민심이반까지 금간지 이미 오래인 것이 어디 한둘이던가

동굴일지 · 364

양광양취란 말은 옛말, 지금은 眞狂眞醉시대거든
거짓말이면 다 통해 돈이면 신과도 통하듯, 그중에 참말 하나 있지
어머니, 헌데 어쩌지 어머니도 머니로 어자 탈락한지 이미 오래거든

* 양광양취(佯狂佯醉) : 거짓으로 미치고 취한 체 한다는 말. 이와 대응되는 것이 진짜로 미치고 취한 진광진취(眞狂眞醉).

동굴일지 · 365

물신 물신 거꾸로 해봐 신물 신물이지, 왜 신물이냐고?
홈쳐 먹고, 빼앗아 먹고, 도둑질해 먹다 식상해서 그러지
식상하지 말고 상식 상 받아 봐, 정신 살쪄 앙반되지

동굴일지 · 366

문경 십자가 못 박힌 죽음, 예수 흉내인가? 광신도 광기인가?
아니면 부활의 의미 왜곡일까? 그도 아니면 위장 살인극일까?
양 팔다리에 의문부 하나씩 철 못 삼아 박고 죽은 별난 사건

동굴일지 · 367

OECD국 중 어린이 행복 지수 꼴찌가 코리아
1등도 둘이나 있어. 자살율 독서부다율
문제는 1위란 게 꼴찌만도 못한 것이어서 그렇지

동굴일지 · 368

정치란 배우는 학문이 아니고 기술이라고 하던데
무슨 기술이냐고? 국민을 바르게 다스리고 인도하는 기술이지
히히, 빠져서는 안 될 것이 하나 빠졌네, 속이는 기술

동굴일지 · 369

매스컴에 급수 높은 활자로 恨라당 閑나라당 했던데
틀린 말 아니나 하나가 빠진 것 같아서
잘못해 찬밥 신세 못 면하면 寒나라당 신세도 못 면하거든

동굴일지 · 370

북녘 김 위원장 코는 요술쟁이 코
방중 때는 납작코였다가 돌아오면 양코배기 코 돼
허긴 콧대란 것이 믿는 구석이 있어야 높아지는 법이거든

동굴일지 · 371

지진 · 쓰나미 · 원폭 입입마다 오르내리던데 덩달아 북녘까지
백두산 화산 공동연구 제안, 방귀가 잦으면 똥을 싸는 법인데
그러다 진짜 백두산 폭발하면 3 · 8선으론 못 막아

동굴일지 · 372

중동에서 아프리카에서 잠자던 민주횃불 화산으로 폭발하던데
그게 그리 좋은 거란 걸 어찌 알고 시샘해 백두산 화산 운운
정작 터져야 할 자유의 화산은 불발인데 백두산 화산이라니

동굴일지 · 373

세계가 온통 원폭 방사선 피해 놓고 입입마다 떠들썩한데
정작 핵 가슴에 품고 있는 북녘은 백두산 화산만 입에 올려
알고도 그런지, 몰라서 그런지, 남녘 걱정이 백두산 크기여서

동굴일지 · 374

지진 거꾸로 돌려봐, 진지지. 밥상 받았다는 뜻이야

넙뽕 거꾸로 해봐, 뽕잎, 그러고 보니 일본 땅덩이 누에 닮았어

잠식으론 부족해 지진 · 원폭 밥상까지 앞에 했구먼

동굴일지 · 375

벌써부터 레임덕 · 권력 누수란말 매스컴에 즐겨 쓰던데
아직 2년이나 남은 임기 좀 빠르지 않나? 허긴 취임 초 이미
2012년 12월 26일 정년 일에 맞춰 MB시계 돌리고 있었지만

동굴일지 · 376

뇌물 · 도박 · 불법 자금 등 검은돈 신세 못 면한 신 지폐 5만원권
민초들은 신주 모시듯 애지중지하는 아도물인데
신자 탓일까, 신사임당 얼굴은 물론 이 땅의 부덕에도 먹칠을 해서

* 아도물(阿賭物) : 돈의 이칭.

동굴일지 · 377

태극기를 태국기로 잘못 쓴 장관 입방아에 오르던데
오기야 바로 쓰면 그뿐, 바로 쓰고도 행동 달리한 것보다야 낫지
바르게 쓰고 바르게 행동한 것보다야 못하지만

동굴일지 · 378

오바마 오사마 오자 돌림 동항렬 사촌인줄 알았는데
웬걸, 죽이고 죽는 원수지간
그래도 테러란 형통은 다르지 않아서

동굴일지 · 379

나랏님 정치 잘한다가 35%, 나머지 65%는?
차라리 잘못한다 매들면 다행인데 그게 아닌 유식한 말로
가이동가이서거나 치지물문이면 어쩌나, 시쳇말로 왕딴데

* 가이동가이서(可以東可以西) : 동쪽이라도 좋고 서쪽이라도
좋다는 뜻이니 아무래도 상관없다는 말.
* 치지물문(置之勿問) : 내버려두고 묻지도 않는다는
뜻이니 무관심으로 외면 한다는 말.

동굴일지 · 380

나무들이 홍역 중인지, 산째 홍역앓인지 온통 붉은 단풍이다

나무도 산도 아니면서 눈에 쌍불 켜고 혈안이 된 인간들

리비아에 가봐, 열강의 눈들 눈독이 들어 혈안으로 단풍 들었어

동굴일지 · 381

풍악 흉내하기엔 부끄러웠는지 얼굴 붉힌 인왕산
부끄러움 알고 붉힌 얼굴 어찌 아니 예쁜가
인간들봐; 연지곤지 허울 칠하고도 양심 붉힐줄 몰라

동굴일지 · 382

본능에 충실한 삶도, 본능을 극기한 삶도 다 아름다운 삶이다
전자는 인간에, 후자는 신에 가까운 삶
묻노니, 당신은 지금 어느 쪽의 삶을 살아가고 있는가

동굴일지 · 383

안철수, 시장 불출마로 선거전서 철수한 줄 알았더니
아니었어, 한발짝 물러서곤 두발짝 나아가고자 함이었어
이름 걸고 말하고 있잖아, 철수 아닌 안철수라고

동굴일지 · 384

서울시장 선거에서 무소속이 집권당 누르고 쾌승
쾌승, 어찌 아니 즐거우랴
당 뒤에 당보다 더 큰당 무소속 있다는 걸 몰랐지? 까불고 있어

동굴일지 · 385

단풍이 왜 붉은줄 아시는가?

서리가 매워서라고? 따가운 가을 햇살에 데여서라고?

천만에, 잎잎마다 꽃으로 피워보지 못한 부끄러움 때문인 게야

동굴일지 · 386

하루도 힘겹고 고달팠는지 코피를 쏟아내는 낙일
어찌 낙일뿐이겠는가, 우리네 하루도 피를 쏟는 삶인 걸
달리 적자 인생이라 했겠나, 코피 흘리고 살면 적자 인생이지

동굴일지 · 387

웅변은 정신을 매혹시키고 노래는 감각을 매혹시킨다 했던가
딱 맞어, 연설장엔 구겨진 몇 사람, 노래판엔 신명난 구름 청중
탓하지 마시게나, 이 시대가 어디 정신시대던가 감각시대지

동굴일지 · 388

도처에 악의 곰팡이가 슬었는지 성한 코가 원망스러울지경
아무래도 物神物神 따라하다 물씬물씬 썩어감 때문일듯
썩은 정신 신정으로 바로잡아 궁궐에 신정한 예 있긴 하지만

* 신정(申呈) : 아랫 관원이 웃 관원에게 글을 써서 아뢰었던 옛 제도로서 근래 모당 의원들이 청와대에 편지를 보낸 것과 같은 경우를 일컬음.

동굴일지 · 389

집권당 의원들이 청와대에 편지를 보냈다는데 그게 뭐게?
정신 나간 짓이라고? 천만에 바른 정신만이 할 수 있는 申呈이야
신정이 뭐냐구? 정신 거꾸로 하면 신정이지, 썩은 정신에 반대되는

동굴일지 · 390

정신 접고 우리만 감각 즐기는 감각시대인줄 알았더니, 웬걸
양것들 봐, 각지에서 몰려든 젊은 것들 광란하는 꼴이라니
허긴, 것도 자랑이라고 한류 한류 해쌌는 K-POP이 딱 그래

동굴일지 · 391

감각에 밀려 정신이 설자리를 잃은 정신부재의 감각시대
한류 K-POP은 감각시대를 이끄는 KS마크 견인차
모두들 부러워하던데 왜 부러움 사이에 'ㄲ'자 하나가 끼어들까

동굴일지 · 392

싸워 이기고도 승리의 기쁨을 나누지 못한 승리는 이긴 것이 아니다
지고도 패자에게 희망을 버리지 않게 한 싸움은 진 것이 아니다
이기고 진 것도 아니면서 이긴 승리의 힘은 무기가 아닌 정신인 것을

동굴일지 · 393

공자왈 시를 일컬어 思無邪라 했거니 명언이 아니던가
죽었다 깨어나도 사사스럼으로 시 못써, 아니지 안 써
헌데 요즘 시인들 邪 · 詐 · 私만도 못한 걸 시라고 쓰데

동굴일지 · 394

정동영 의원, 박원순 시장 폭행녀 이유인즉 빨갱이라던데
여자들 그날이면 김일성 내려온다는 은어 쓰잖아
개눈엔 똥만 보인다고 그날따라 박여인, 김일성 내려왔나보지

동굴일지 · 395

미 백만장자들 의회에 몰려가 세금인상 호소했다는데
한국의 천만장자들, 이를 두고 뭐라 했을 것 같소?
이구동성으로 내뱉는 말 "미쳤냐"

동굴일지 · 396

세금올려달라 호소하며 의회에 몰려간 미 백만장자들
천지개벽 않고서는 이 땅에선 있을 수 없는 일 두고
꼬레의 재벌들 부러워할지 두려워할지 그게 궁금해서

동굴일지 · 397

유아원에서는 갓난이 면한 어린이들이 미래를 살아가고
유아원 옆 미니공원 벤치에서는 노인들이 과거로 살아가고
그 사이로 미래도 과거도 없는 표정 없는 백수들이 지나가고

동굴일지 · 398

세상이 온통 제 편한대로 살아가는 판국이다
독선기신, 이기에 잘 길들여졌음이다
허긴, 이타란 말 들어본지가 옛날 같아서

* 독선기신(獨善其身) : 남이야 어찌 됐건, 자기만 잘되면 그만이란 뜻으로 쓰이는 말.

동굴일지 · 399

덕불고필유린이란 공자의 말씀이고
고독은 죽음에 이르는 병이란 키에르케고르의 말씀
이중 어느 것이 정답일까? 글쎄, 정답이란 공식이 없는 시대여서

* 덕불고필유린(德不孤必有隣) : 덕은 외롭지 아니하고 반드시 이웃이 있다는 공자의 말씀.

동굴일지 · 400

낙천도모란말 알지? 온통천지가 처먹은 검은돈 뇌물말이야
서로 즐겁게 나눠 갖는 樂千圖謀였으면 오직이나 좋았으련만
세상이 千金不死 白金不刑이니 검은 돈 흰 돈 가리게 못하니

* 낙천도모(樂天圖謀) : 성사된 어떤 일이 자기가 도와 성사됐다고 생색내며 요구하는 돈, 곧 뇌물을 두고한 말.
* 낙천도모(樂千圖謀) : 일종의 조어로 서로 즐기기 위해 나누는 즐거움.
* 천금불사 백금불형(千金不死 白金不刑) : 천금을 쓰면 죽을 목숨도 살고, 백금을 쓰면 벌도 면한다 함이니 시쳇말로 유전무죄 무전유죄와 같은 말.

•

박진환 시인은 전남 해남 출신으로 동국대 국문학과를 거쳐 중앙대 대학원을 졸업(문학박사)했다. 1960년 동아일보 신춘문예(詩)·1963년 自由文學(문학평론)으로 문단에 데뷔했고, 국제PEN한국본부 사무국장 및 이사, 한국문협 고문을 역임했다. 제9회 시문학상, 제3회 비평문학상, 펜문학상, 윤동주문학상 등을 수상했고, 한서대학교 교수 및 예술대학원장을 역임했으며 현재 월간 『조선문학』 발행인 겸 주간으로 있다. 중요 저서로는 시집에 『귀로』, 『사랑법』, 『꽃시집』, 『三行詩抄』 I ~XI 『諷詩調』, 『박진환시전집 I · II · III · IV · V』, 『物神時代』 I · II · III · IV · V, 『동굴일지』 I · II · III · IV 등 38권의 시집이 있고 평론집으로 『한국현대시인론』, 『현대시론』, 『21C시학과 시법』 등 다수와 『한국시의 공간구조연구』, 『21C 시학』, 『시창작론』, 『諷詩調詩學』 외 다수의 역저가 있다.

•

조선문학시인선 320

諷 詩 調 · 20

동굴일지 · IV

2012년 6월 20일 인쇄

2012년 6월 30일 발행

지은이 / 박진환

발행인 / 박진환

펴낸곳 / 조선문학사

등록번호 / 1-2733

주소 / 110-092 서울 서대문구 홍제2동 96-4

대표전화 / 730-2255

팩스 / 723-9373

ISBN 89-93614-93-0

정가 8,000원